Über dieses Buch Johanna Moosdorf, 1963 mit dem begehrten und hoch bewerteten Nelly-Sachs-Preis ausgezeichnet, hat immer den Mut gehabt, keiner Schule anzugehören, keiner Mode zu folgen. »Freie Rhythmen und Reime, kurze und lange Verse, Angeschautes, Gedachtes, Spirituelles und Konkretes, Impression und Expression: Johanna Moosdorf läßt sich nicht auf eine der vielen Möglichkeiten lyrischen Ausdrucks festlegen und möchte keines der heute verfügbaren Stilmittel missen. Immer bestimmen Klangfarbe und Rhythmik eines Bildes, eines lyrischen Gedankens, eines Ereignisses die Form und das Wesen der Gedichte.« (Joachim Günther)
»Johanna Moosdorfs Weltverständnis ist universal, grenzüberschreitend. Denn in dieser Lyrik ist alles enthalten, was unsere Zeit und Geschichte blutig verfärbt und tiefe Schlagschatten auf unsere gefährdete Existenz wirft.« In vielen ihrer Gedichte sind die Gefährdungen und Bedrohungen, denen die Menschen in unserem Jahrhundert ausgesetzt sind, gegenwärtig. »Die heraufziehende Katastrophe, das Herannahen eines zweiten endgültigen Hiroshima, ist in ihnen zur globalen Vision geworden. Johanna Moosdorf versteht und vermittelt beide Möglichkeiten der Seinsentscheidung: die klaglose Liebe und das perfekte Chaos. Es gibt kaum eine andere Lyrikerin, deren poetische Existenz solchen Spannungen bisher standgehalten und die sie mit solcher Sicherheit in Sprache umgesetzt hat.« (Peter Jokostra)

Die Autorin Johanna Moosdorf, geboren 1911, lebt als freie Schriftstellerin in Berlin. Neben zahlreichen Romanen und Erzählungen veröffentlichte sie drei Lyrikbände: »Brennendes Leben« (1946/47), »Sieben Jahr sieben Tag« (1979) und »Neue Gedichte« (1983). Im Fischer Taschenbuch Verlag erschienen ihre beiden Romane »Die Freundinnen« (Bd. 4712) und »Jahrhunderträume« (Bd. 4739).

Johanna Moosdorf

Fahr hinaus in das Nachtmeer

Gedichte

Fischer Taschenbuch Verlag

Die Frau in der Gesellschaft
Lektorat: Ingeborg Mues

Ein Großteil der in diesem Band zusammengestellten Gedichte erschien zuerst 1983 unter dem Titel »Neue Gedichte« im J. G. Bläschke Verlag, St. Michael

Originalausgabe
Veröffentlicht im Fischer Taschenbuch Verlag GmbH,
Frankfurt am Main, Juni 1990

Umschlaggestaltung: Susanne Berner, Heidelberg
Gesamtherstellung: Clausen & Bosse, Leck
Printed in Germany
ISBN 3-596-10217-0

Inhalt

Unterwegs

März

Flieh
Nachtgedanke
geboren aus Traumgestrüpp
flieh vor dem funkelnden
Frühlicht

Tau fiel
goldbraun am wehenden
Erlenzweig glänzt
die Knospe

Glasige Eishaut zerspringt
klirrend
über leis schnalzendem
Wasser

Rieselgerinn
unter harschigem
Schnee tastende
Wurzeln quellende
atmende Tiefe

Wenn der alten Erdmutter
zaubrisches Liebeslied
mich durchdringt
wie denn
Tod
willst du mich greifen?

Landschaft am Ems-Jade-Kanal

Himmel riesig
von Ferne zu Ferne
gespannt Wind
über kahler Ebene
hechelnder Rachen
des Raums
Wolkenverfinsterung
einsam ein Mensch
zwischen schwarzen Gräben
geduckt unter den Hieben
des Regens

Glomm nicht ein Licht
am Rande der Welthöhle
wimmert' ein Tier
rief in großer Leere
ein Kind

Vergeblich dein Bangen
noch reiftest du nicht
zu letzter Schwere
noch speit die Tiefe
dich aus

Flut

Wie das Meer steigt
sachte
Well um Welle
bis die Muschel
die mein Zeichen war
überspült ist
und die kleinen Klippen
Möwenruheplätze
untergehn

Also holt der Tod mich ein
es schlingen
Schattenwogen
die geschenkte Zeit

Unter weißer Sonne
hingebreitet
lag die Sandbank
die die Flut
begrub

Zu spät

Mitten durch das Gewühl
am bunten Times-Square
trabte in weißem Bart
GOD
wie ein zottiger Bär

Kam übern Milchstraßensteg
aus Raumhöhlen tief
wo er vom Schaffen müd
die Zeiten verschlief

Fremd blickt' er
taub vom Lärm
von Erinnerung krank
schrie – doch wer hörte ihn
seine Stimme ertrank

Wo ist mein Wald
mein Getier
wo meine Schar
rotbrauner Kinder stolz
mit glattem Schwarzhaar

Ihnen gab ich das Land
›God's own country‹
von Manhattan bis San José
wo blieben sie

Du dort – kenn ich dich nicht
torkelst umher
in Lumpen Flasche am Mund
Sohn komm her

Spät ach zu spät alter Mann
du kamst nie zur Zeit
dreihundert Jahre zu spät
nun tut's dir leid

Oktobertag

Lichtstrom aus Wolkenmilch
Ruch nach Rauch
Kind mit weißblondem Haar
Silberstiftzeichnung auf blauem
Luftspiegel
goldbraunes Blumengelichter
kichernd mit huschendem
Schwarzdrosselvolk
Birkenlaubfall
kreiselnde kleine Sonnen
Windbeute

Kleine Szene am Fluß

Mit trägen Schaumwellen
schwappt der Fluß auf den Kies
Kinder kauern am Ufer
stoßen ein kleines Papierschiff
in die Strömung es kreiselt
sie lachen schrein
Wind harft von ferne
Tau glänzt im Spinnennetz
Lichtflecken huschen
durch dämmerndes Laubgewölb
dort tanzen Schattengestalten
dehnen sich schlängeln
recken Arme und Hälse
züngeln
nach den warmen Leibern
der Kinder

Die verstummen jäh
laufen fort wie erschrocken

Winternacht

Noch einmal eine Nacht
frisch gefallen
aus spielender Schöpferhand
Konturen ohne Schatten
Straße und Dach
von Geisterhauch glatt geweht
Sternsplitter in dunkler Raumtiefe
Mond gelb und nah randvoll
mit alten Geschichten
Kater Murr schwarz im Schnee
ein Strahlenkranz zarter Farben
rings um den weißen Hut
der Laterne Autoherden schlafen
vermummt am Straßenrand
von sanft schwingenden Zweigen
rinnt weißer Staub
staunend ein blasses Gesicht
schwebt hinter der Fensterscheibe
sehr glänzend in wehenden Schleiern
geht geschwinde auf leisen Sohlen
ein vergessener Traum
durch die Stadt

Szene

Glitzernd zerbricht die Nacht
die Bäume schauern
Scheinwerfer wischen
wandhin wandher
auf weiß bestäubtem Pflaster
kriechen die Schatten
es beben die hohen Häuser
vom Dröhnen der Diskothek
im Halblicht der Tür eine stille
Gestalt wie aus Nebel
taucht aus der Nacht
verschwindet
taucht auf
verschwindet
auf – weg – Ich rufe
ein weißes blickloses Antlitz
kehrt sich mir zu Zögernd
ein Fuß probt den Tanzschritt
ein Finger winkt
komm

Auch Kinder

Bar aller Anmut
verblutet die Taube
schmutziger Federwisch
auf totem Asphalt

Auto am Villentor
kleine Blutspur am Reifen
trocknet schnell

Herr und Dame
Partygeplapper Musik
Sekt und Sex

Oft
so wird mir berichtet
verbluten auch Kinder
bar aller Anmut
stille
auf totem Asphalt

Die Endphase

Regen Regen
dicke Tropfen springen
Autoräder rauschen
Bäume singen

Schirme glänzen
Rock und Haare triefen
kleine Pfützen funkeln
wie Untiefen

Geisterfrösche
grün mit Güldenkrönchen
hüpfen in der Gosse
Königsöhnchen

Fische schwänzeln
in den Regenfluten
Füchse schwingen
lange Angelruten

Eidechsköpfchen
lugt aus Mauerspalte
Hündchen wimmert
wärm mich es ist kalte

Schwäne schwimmen
mitten auf der Straße
ein Gelehrter kündet
die Endphase

Wind

der im Herbstlaub wühlt
die müden Rosen höhnisch
zerfetzt Röcke bauscht Straßenstaub
um die Ecke peitscht
dem biederen Amtmann
eine Handvoll Dreck
ins Gesicht speit
zum Fenster herein faucht
mein sanftes Gedicht
vom Schreibtisch fegt

Verirrt in Betonlabyrinthen
rüttelnd
an verschlossenen Toren
Fassaden anheulend
mit Ingrimm im Smog
unsere Städte und Seelen
wirbelnd

Wind
archaischer Wildling
unzähmbarer
der auch zart wie mit Händen
streichelt
mich mit Klagliedern
in Schlaf summt
Träume schenkt
von Steppen und Meeren

Wind
Freund des Albatros Bote
einsamer Gipfel
Zorn
leerer Himmel

Landschaft mit Müllhalde

Rauch und Frost
Kinder waten
in verrottendem Städteschutt
Blech scheppert
Qualmfahnen steigen
aus stinkenden Schwelfeuern
Fetzen versengten Papiers
wehn übers Rübenfeld
Krähen schrein Drüben
in dürrem Fichtengehölz
flirrt die sinkende Sonne
zäh kriecht der Schatten des Krans
auf löchrigem Knüppeldamm
ferne am Horizont
wo die Erde den Himmel streift
die scharfe Silhouette
einer Frau mit Handkarren
langsam bewegt sie sich
zwischen Pappeln
die stehn frierend
in langen Reihn ein Jäger
mit grünem Hut
das Gewehr geschultert
stapft den Acker entlang
mitten hinein
in den jäh aufflammenden
Abend

Am Dom

Sand rieselt
aus blicklosen Augen
die Nase ist zerfressen
das Lächeln clownhaft verzerrt
ein Aussätziger ohne Schelle
steht der Heilige am Dom
wehrlos auf bröckelnden Füßen
schrumpft er gelassen im Pesthauch
des schnöden Jahrhunderts Blind
tappt der Bettler vorbei der Fluß
unter schwingender Brücke
stinkt vor sich hin in den Mittag
Schattengewächse gaukelt
die Sonne auf tote Ufer
Schlamm und Schleim quirlen
mit grünlichen Blasen es ächzt
der Erdleib gestampft
unter stahlharte Pistendecke
über die Kirchhofsmauer
nickt eine Blume ich höre
mein Gehirn knistern
nicht hinüberspähn
wo verwitterte Grabkreuze stehn
die Witwen jäten und scharren
ihre Stimmen sind alt und schnarren
nicht denken denk ich
nur weitergehn

Elegie

Auf schmalem Steg
über Gräbern
geh ich gestemmt
gegen die Drohung
des Abendrots

Auch die kleinen Gespielen
meiner Kindheit: Mai-
und Mistkäfer Hummel
und Haselmaus
verendeten lautlos
mit Hecke und Ufergras
Feldrain und Wiese
niedergewalzt

Leere
dröhnt mir im Ohr
Wolken umrauchen
die Sonne Das Frühlicht
auf süchtiger Haut
die Ginsterfeuer
am verwunschenen Waldpfad
erloschen
verstummt auch dein Lachen
das Wort im Munde erstickt

In hoher Dunstglocke
über donnernder Piste
hör ich die Geisterstimmen
gemordeter Lerchen

Klaglos

Im Geröll der Moräne
bei großen schlafenden Steinen
lieg ich mit wunder Kehle
verlacht
von der Möwenbrut

Fische schnappen nach mir
mit wabernden Mäulern
Seeschwalben kreisen mich ein
im Lichtnetz der großen Sonne
sirren Fliegen
eine reglose Echse starrt
auf die langsamer pulsende Ader
in meiner Stirn

Ringsum Wellengekicher
in den grünen Fesseln des Tang
erstickt meine Brust eine Kruste
aus körnig-bitterem Salz
verschließt mir die Lippen
klaglos verendet mein Wort
im Zischeln des Schilfs

Vision

Bis an ferne Ufer
wachsen die Arsenale
des Wahns ich höre
den Herbstwind pfeifen im Schilf
sehe einen Engel wirbeln
schwarz unter schwelendem Himmel
Mauern bersten
Städte verglühn
Leuchttürme stürzen
ins Meer Felsenklippen
reißen sich los vom Meergrund
treiben wie schwarze Wale
im Schaum Schwäne stieben
mit lodernden Flügeln davon
laut aus aufgerissenen Hälsen
schreien die sterbenden Möwen
irre Delphine tanzen
im Donner fliehender Jets

Plötzlich Stille
lautlos der Engel
schlägt die Flügel zusammen
löscht die Gestirne
Die Kontinente der Erde
zerfallen zu Staub
Groß eine fremde
weiß glühende Sonne
steht der Tod
einsam
im leeren Raum

Begegnungen

Nichts Schöneres

Wie sie kommt klein
am Ende der Allee
ihre kurzsichtigen Augen
erspähen mich noch nicht
aber jedem ihrer Schritte
springt ihr Herz voraus
sie wächst schnell ihre Freude
entfacht an der Hauswand
ein Feuer von Rosen die waren
eh' sie vorbeiging
– ich schwör es –
grüne Knospen Mit der Kätzin
die philosophierend
am Bordstein sitzt muß sie rasch
ein Wort wechseln ihr Lachen
klettert die Leiter der Töne
hinauf in die duftigen Kronen
der Akazien die schüttelt es
Blütenblätter rieseln
auf ihr Haar auch der Junge
mit Schulranzen der ihren Weg
kreuzt lacht bei ihrem Anblick
deutlich sichtbar
rauchen finstere Matheängste
aus seinem Schädel jetzt
erkennt sie mich blinzelt
als hielte sie's nicht für wahr:
Nichts Schöneres als ein Mensch
der auf dich wartet
Ich weiß es besser:
Einer der auf dich zukommt
antworte ich

Byzantinisch

Von Stockwerk zu Stockwerk
ziehn die Arbeiter das Gerüst hoch
Stangen und Bretter werden gelegt
ineinandergefügt und verschraubt
die Fassade mit verhängten Fenstern
verschwindet hinter Gittern
ein Eimer schwankt langsam empor
ein Blonder mit braunem Rücken
löst ihn vom Haken ein Schwarzköpfiger
am anderen Ende des Laufstegs
auch in Jeans und sonst nichts
Grieche vielleicht
byzantinisch
auf dem Goldgrund des Augusthimmels
ruft den Blonden der lacht: okay
Vor seinem hellen Gehämmer
auf Leichtmetall
flüchten die Wolfsspinnen
aus Mauerritzen und Staubwinkeln
kopfüber
straßab

Ein später Gast

Der Scheitel streng und glatt
die langen Schläfenlocken
kunstvoll gedreht
das Hinterhaupt gekrönt
von Haargeflecht befestigt
mit Goldbordüren
Kleid aus schwerem Tuch
Ärmel gebauscht
der Hals umschäumt
von weißer Klöppelspitze

So saß sie
saß die Droste
zierliche Gestalt
sehr zart sehr blond
saß plötzlich
auf meinem Sofa
horchenden Gesichts
dem Fenster zugewandt

War es die Nacht
die eine – lang ist's her –
durchwachte Nacht

Es knackten Dielenbretter
schweres Atmen
drang durch die Wand
draußen Fassaden
steil empor
Antennenwälder
auf hohem Dach
ein spätes Auto rauschte

am Haus vorbei
schlug eine Uhr?

Sie trat ans Fenster
stand im Wind
im schwarzen Sog des Raums
ein Abschiedsblinken
des Rings an ihrer Hand
ein Mondstrahlfunkeln
am Sims – dann nichts mehr
ich allein
ein Sternbild schwebte
groß im Zenit

Psyche an Eros

... stiehlst dich davon
grollend
suchst in Nebelfernen
untergegangene Sonnen
meine Stimme die du liebtest
bricht
meine Flügel gelähmt
wie im Ölschlamm sterbende Möwen
tragen mich nicht mehr

Du komm zurück
wende den Blick mir zu
laß mich nicht verrotten
allein in einer Welt
die bewohnbar war
nur durch dich

Scheherazade

In weißer Nacht
wenn die Schwäninnen schrein
und ein Schauder tief innen
kündet Gefahr
weht sie herein wie Wind
Stern und Kometenstaub
flimmernd
im blauschwarzen Haar

Stimme von überall
Stimme von nirgendwoher
goldne Kalifenstadt
schwebend
aus Wort aus Hauch
wimmelndes Turbanvolk
Magier Wesir und Fee
rauhbeiniger Derwischtanz
sprechender Strauch

Fernes ist nah
glühend die Asche des Grams
zitternd im Untergehn
mohnfeuerrot
kreist ihr Zwillingsgestirn
groß in der Zaubernacht
LIEBE UND TOD

Legende

Woher kommst du Knabe
mit bestäubtem Haar
wohin gehst du
Nebelgestalt
am frühen Tag

Legende eines Gesichts
Augen hell von Geheimnis
Hände sanft
von Gebet

Am Brunnen disputierten die Brüder
Sonnentropfen perlten
im Rosenkelch
du schautest
es versanken
Kloster und Kreuz
die Dispute verhallten
Wille starb
Welt wurde leer
Wissen schal
Nichts blieb – nur:
Du und die Rose
Die Rose und du

Jahrhunderte darnach
streift' ein Vogel im Flug eine Stirn
Mönch und Rose zerfielen
lautlos
zu Staub

Entfremdung

Im Schaukelstuhl
auf grün umsponnener Veranda
leise im Sonnenglast welkend
find ich sie wieder
erloschen
das Feuer ihres Worts
kraftlos ihr Lächeln
vergeblich
lock ich sie seufze
halte auf offener Hand
Liebliches hin
Muschel und Mondstein
Federflaum
gelbrote Hagebutte streng
auf einmal ihr Mund
steil die Stirn Schnee
auf den Brauen tat ich denn
in der Unschuld der Liebe
ein Leid ihr an
ging der Dunkle vorbei
im frommen Wahn der Jugend
einst Freund genannt – Fremd
blickt sie Eine
aus anderem Stoff
erkennt in der lichtlosen Tiefe
ihres Kerkers den meinen
nicht mehr

Kindheit 1915

Gefangene Soldaten
umschwirrt von Kindern
Stimmen schrill: Franzosen
mit roten Hosen
Später wurden auch die
grau wie Gram

Kleine Weißblonde
– ich? – allein mit einem fremden
einem bärtigen Gesicht
schwarzer Augenblitz Angstblitz
Haar
scharf auf knöcherner Stirn
Mund groß und weh
Blick plötzlich sonnenhaft
hält mich
lächelt

Wer bist du wer
hat dich verzaubert
wie erlös ich dich –
– vorbei –
steifen Schritts geh ich
mein Bruder ein Soldat des Kaisers
singt das Lied von den wilden Rosen
die am Waldrand blühn

Auch im achtzehnten Sommer
des jungen Jahrhunderts
als er in Frankreich fiel
blühten sie
rot

Sulamith

(Dem Andenken Gertrud Kolmars)

Ein schmutziger Schnee fiel
verloren ist die Purpurspur der Liebe
nur ein verklungener Zymbalschlag
nistet im Ohr
die kleine Schwester die keine Brüste hat
weint in eisiger Nacht
mit gebrochenen Flügeln die Taube
stirbt im Zedergeäst junge Hirsche
verbluten auf gefrorenem Acker
in verlassenen Pardelhöhlen verkrochen
hausen die erschrockenen Freundinnen
dort finden Kinder ihre Gebeine
nach langer Zeit ein Geruch
nicht Ambra und Sandelholz
weht um Baracke und Stacheldrahtzaun
ferne die Würzgärten Jerusalems
maskenlos Mord und Mörder
Sulamith unerkannt
Gift atmend mit hechelnden Lungen Leib
unter zuckenden Leibern Hände
die sich hart in ihr Fleisch krallen
Augen Augen

Alte Jüdin

Sucht und sucht
in Truhen und in Schränken
in Kommoden und im Bücherfach
sucht im Keller in verstaubten Kisten
sucht im Spinnenwinkel unterm Dach

Da – in weißem Licht
auf Geistersohlen
huscht ein kleines Mädchen durch den Raum
Hör die Greisin murmeln:
wußt es immer
ihren Tod erlitt ich nur im Traum

Brüllkommandos
kalte Männermaske
schwarze Uniform daß Gott erbarm
Hunde geifern
doch die Kleine hielt sie
fest im Arm

Hielt sie? Hielt sie fest?
Wer liegt zerschmettert
Rinnsal rot und weiß aus Blut und Hirn
warum gellt ein irr Geheul
ein Kreischen
immerwährend hinter ihrer Stirn

Hör nicht hin
Mondmädchen Taubenfüßchen
leise keuchend lehnt sie an der Wand
eine blaß geküßte Gliederpuppe
mit verfilzten Haaren in der Hand

Wühlt nicht mehr
in dem vergessnen Plunder
morschen Kleidern Schachteln und Papier:
Alle mußten sterben
du mein Kindchen
bliebst bei mir

Warnung

(Karl an Jenny)

Sprich leise Geliebte die Nacht
belauscht uns mit langen Ohren
wenn der schnarchende Spürhund erwacht
sind wir verloren

Birg deiner Augen Licht
tiefer im Wimpernschatten
so verraten die Arglosen nicht
wie lieb wir uns hatten

Gib auch auf die Füße acht
Angeln und Stolperstangen
lauern bei Tage bei Nacht
uns einzufangen

Eine glückliche Zeit

Auf dem Stoppelfeld vor der Stadt
lasen wir Ähren auf in der Sonne
die brannte uns im Nacken
Stoppeln stichelten
durch unsere Sandalen
Zuhause schüttelten wir
– zwei Kinder zwei Frauen –
die Körner aus den Hülsen
wir mahlten sie in der Kaffeemühle
das Mehl das wir gewannen
reichte nicht aus wir pflückten
am Flußufer Brennesseln
die kochten wir wie Spinat
auch sie stillten nicht unseren Hunger
aus getrockneten Erdbeerblättern
drehten wir Zigaretten
sie schmeckten fad aber den Hunger
spürten wir nicht mehr mit den Kindern
spielten wir: nach Amerika fahren
wir schrieben das Jahr sechsundvierzig – August
der Krieg war ein Jahr und vier Monate
vorbei wer noch nicht daheim war
konnte noch kommen
DU
konntest noch kommen

Im November erhielt ich die Nachricht
du könntest nicht kommen
niemals mehr
ich weiß nicht wie wir dann lebten
wir müssen aber gelebt haben

später nannten wir die Zeit
als du noch kommen konntest
Zeit mit wenig Mehl und dünnem
Brennesselbrei
eine glückliche Zeit

Wer

Wer grub das Zeitloch
in das wir stürzten
in heller Nacht
aus freiem Ferneflug

Wer führt mich irre
daß ich dich nicht finde
im Sternenhügelgrab
Milchstraßenstrom
mag mich auch sehnen dehnen
bis ans Ende
des Raums

Wo Parallelen …

(Für Regula)

Ein Wehen ein Leuchten ein zartes
Farbengesprüh Sonnentropfen
zersprungen auf Haar und Haut
Schneeig schimmern
die Kelche der weißen Blumen
die sie mir gab Ihre Schritte
verhallen ich tauche
hinab in gefährliche Schluchten
der Seele in Höhlen lange verlassene
Täler kehr zurück schwer beladen
mit Sinnbild Wort Bannspruch
die ein Flüchtiges – Duft und Essenz
einer Gegenwart beschwören
daß es mir bleibe
steig herauf keuchend erkenne
in der Tiefe des kreisenden Raums
wo Parallelen einander berühren
die Strahlung ihrer Träume und meiner
gebündelt im dunklen Brennglas
der Ferne Groß dämmert
unter tödlichen Wettern
ein Morgen-Land
blau

Rabengeschichte

Wer rupfte meinem stolzen Rabenbruder
die glänzenden schwarzen Federn aus
nackt hüpft er umher und schreit sehr zornig
ruht voll Groll und Kummer
in meinem Nest aus

Ich nähr ihn mit Drudkraut und bitterer Rabmilch
seine kahlen Flügel zucken im Traum
bald wächst meinem geschundenen Rabenbruder
ein neuer schwarzseidiger Federflaum

Flog einst rauschend davon im Morgengrauen
ließ seine betrübte Schwester allein
wußte wohl: ihrem Rabenbruder
müßt' sie verzeihn

Litt harte Pein unter fremden Gestirnen
hauste in Luftschlössern frostig und naß
hüllt' sich in Wolken- und Nebeldünste
schlang eklen Fraß

Nun lausch ich den heiseren Klagegesängen
meines Rabenbruders bei Tage bei Nacht
beschwöre die finsteren Rabengötter
die ihm Unglück gebracht

Rautendelein

Nachts am Rathaus
unter den Arkaden
ging Rautendelein
eingehüllt in ihre langen Haare
glitzernd
sommerfädenfein

Sehr verwundert
lächelten die Leute
daß die Elbin sich hierher
verirrt
Wer den geisterhellen Blick
nicht scheute
ward von Lieb und Sehnsucht
tief verwirrt

Stand und starrte
sich die Augen reibend
auf ein wundersames Spiel des Lichts
nebelweiß
in weißer Mondflut treibend
schwebend schwindend
löst' sie sich
in Nichts

Noch nicht

Wer ruft berührt mich
Grell ein Schmerz
reißt spaltet mich
ich wanke aber stehe
ich stürze nicht
bin nicht die Rechte
die zum letzten Tanz
Erwählte
bin es nicht
noch nicht

Bist es nicht
singt ein Vogel im Schnee
rauschen Räder
schwätzt ein zärtliches
Saxophon klappert
die Jalousie knistert
ein weißer Stern tief
im Azur:
Bist es nicht
Noch nicht

Lauf schnell

Schnür deine Schuhe fest
lösche das Licht
geh fort um Mitternacht
verweile nicht

Tanz den Laternentanz
blas das Mondhorn
halt an das Windgeläut
geh ohne Zorn

Flieh aus der Bitterstadt
am Kreuzweg steht
still ein verhülltes Weib
wie hergeweht

Sie wirft ein graues Netz
spinnwebenfein
lauf schnell sonst fängt sie dich
eh noch der Mond verblich
ein

Tod und Tänzerin

Ein Glitzern Farbenfunkeln – Akrobaten
am schwingenden Trapez – ein schlanker Tiger
durch Feuerreifen springend – Zierlich
auf breitem Elefantenrücken trippelnd
zwei Glamourgirls – Tusch!
Einsam in der Kuppel
Traumtänzerin in Weiß auf schwankem
Seil

Wer aber schielt dort süße Beute witternd
begierig nach der Schwanenweißen tänzelt
verdreht den Hals die düstern Schattenaugen
klopft sich die Brust übt steile Katersprünge
die Knochenarme wedelnd
wollustklappernd

Du Junge Schwerelose Vogelleichte
blick auf den schlechten Mimen nicht hinab
der dir jetzt still und groß entgegenstarrt
Flieh wende dich hinweg dein Fuß wird straucheln
zerbrechen wird dein Herz dein Blut erstarren
wenn dein erschrockenes Aug in seines taucht
O stürz dich nicht
verblendet
sehnsuchtstrunken
in die Umarmung ohne Wiederkehr

Die Fremde I

Hinter verschlossenem Tor
ein schlafender Garten
scharfe Speerspitzen drohn
vom schmiedeeisernen Zaun

Auf springt das Tor In der Maske
meines Gesichts – tief vertraut –
im Onyxglanz der Nacht
steht die Fremde Hebt mich
über die gefährliche Schwelle
geleitet mich
durch Gestrüpp über Gräben
Mondkrater schwelende
Feuer – Da:

Ein grüngoldenes Leuchten
Ich gehe
im Labyrinth meiner Anfänge
Draußen
funkelt die Ferne flieht
vor mir her ruft lockt

Unter meinen tastenden Füßen
rollen die bunten Kiesel
meine mühsamen Wege
zurück

Kore

Verwundert sah er sie
umsummt von Bienen
wie schwerelos durch Gras und Blumen gehn
und knickte keinen Halm es hüpften
die jungen Brüste unter ihrem Hemd
hell flirrt' ihr Haar
mit zarten Sammetflügeln
liebkosten Falter ihre Mädchenstirn

Glomm aber nicht in ihrem Blick ein Schimmer
von Schwermut Düsternis
geheimes Wissen
um Nächtiges
Gefahr Gelüste Sinnverfinsterungen
die Tiefe Kraft

Da brach er aus dem Erdspalt
stand im Glanze
von Erz und dunklem Gold
Rubine glühend
im Schlangenhaar
riß sie hinab in funkelnde Gewölbe
zu Schatten und Gebeinen

Droben
erstarrt' das Land
entlaubt war Wald und Flur
im Winterdämmer harrt' die Erde trauernd
auf ihre Wiederkehr

Hexenballade

Hand die mich streifte
Blick der mich traf
ich taumle vorüber
wie tief im Schlaf

Ein Quellen ein Treiben
in dunkelsten Grund
in sprachloser Ferne
ein schreiender Mund

Vergessen die Stunde
übersprungen der Raum
wie warst du mir nahe
Schwester im Traum

Wann wo es gewesen
ich weiß es nicht
seh ein Kruzifix dämmern
in blutigem Licht

Am Holzpfahl gefesselt
einen elenden Leib
das Feuer knattert
brenne Weib

Sie ging vorüber
ich grüßte sie nicht
dann plötzlich erkenn ich
das Schwestergesicht

Eine Andere Fremde
auch hier und jetzt
argwohnumschattet
von Ängsten gehetzt

Gebrandmarkt mit Schönheit
gezeichnet wie Kain
o Gott in absentia
wollest endlich verzeihn

Lottes Blumen

Weiß auf Grün
Tänzerinnen
zart lichtgelb angehaucht
der Schnee der Kelche
ein Nix- ein Elfenspuk
aus Kindheitsfernen betaut
mit Nordmeerschaum
in hellen Rauhreifnächten
vom Mondgebirg
geweht

Erscheinung

Woher kam sie wo
aus Nachttiefen
tauchte sie in welchem
unterirdischen Garten
brach sie die schwarze Rose
an ihrer Brust welcher Lichtquell
gab ihren Augen ihrer Stirn
den bleichen Glanz Wind
den ich nicht spüre
läßt ihr Haar wehen
eine unsichtbare Hand
wischt das Staunen das anhub
als mein Blick sie erkannte
von ihrem Gesicht klar
aber unerreichbar so steht sie
in weißer Spiegelglasferne
geschlossen
sprachloses Sein
im Nichtsein sanftes
blau umflossenes Echo
einer Welt die versank

Nike

Du aber vorne am Bug
Nike mit salzigen
Lippen Sonnenmal
auf der Stirn
löst die Sandale
lehrst mich das Wogen-
das Wind-Spiel preßt
dein ozeanisches Siegel
mir auf das Herz reißt mich
zornsprühend
weg über Untiefen tanzt
auf Wellenschaum
dir nach
Traumkühne unbeirrbar
zwischen Klippe und Riff
brichst du
mit hoch schlagenden Flügeln
Überwinderin
durch Mondfinsternisse
und Angstmeer

Selene oder die Mondphasen

...geht auf verschwiegenem Pfad
Zypressenpfad tritt in die Grotte
wo der Liebste schlummert
erfrischt die heiße Stirn
mit kühlem Strahl ergießt sich groß
in weißen Lichtkaskaden
in seinen Traum küßt
seinen Mund das Knie die blanke
Schulter das Gelock
der Achsel des Geschlechts

Sehr trübe wird ihr dann
sie schrumpft sie schwindet
schleppt sich dahin ein Schatten
ganz verhüllt
in schwarzer Scham

Ist sie denn EINE nur nicht auch
DIE ANDERE und ist
DIE DRITTE Sterben
heißt Wiederkehr Vergehn
ist Werden SEIN:
sich verschenken

Neugeboren
taucht sie aus tiefem Raumgrab
Mädchenrune
Lichtbogen hauchzart
sanft in sich geneigt Inbild
der Hoffnung

Indische Göttin

Du Hüterin
geheimnisschwangeren Dunkels
woher wir kamen und wohin
wir gingen leichtfüßig
und die stillen Toten tranken
an deiner Sternenbrust
die Milch der Nacht
erstarkten kehrten wieder
immer wieder
bis zur Vollendung
War kein Nimmermehr
kein Schmerz unstillbar

Ach ich sah
dein anderes Gesicht
Von Totenschädeln
hing dir am Hals ein Kranz
mit gieriger Zunge
lecktest du Blut
Vielarmig
trugst du Waffen
Dolch und Dreizack
Flammen umzüngelten
dein Haar

Exaltatio

Immer träumt die verstörte Welt
von dem sanften von deinem Gesetz
du Kommende verheißen
dem anderen Archipel inmitten
des dicht befahrenen Meeres
frierend glüh in Eis-
in Wüstenwinden Inseln
umstürmt von der fliehenden
Zeit seufzend
unter der Sterne Last

Du Dämmernde
über dem Schlachtfeld Erde
brich durch die schwelende Rauchwand
der Todangst des Wahns
rolle herauf groß
über die sinkenden Horizonte
des männlichen Äons

Schimmernde Kontur
im weißen Frühlicht
heller Spiegel
grünklarer Tiefe
Ruferin und Ruf
Botin und Botschaft
Aug Ohr und Stimme
des fernen Namenlosen
Fanal

Mythische Reminiszenz

Nach goldenen Hoch-Zeiten
ist sie einst von uns gegangen
die Ohnmacht ihrer Getreuen – meine
Ohnmacht –
beweinend verstoßen von ihren abtrünnigen
Söhnen die beraubten mich meiner Rechte
zwangen mich unter ihr Joch lehrten mich
– in vieltausend Jahren –
vergessen wer sie war
wer ich war In Träumen
lebte sie fort
an Quellen hingestreckt
auf leuchtenden Moospolstern
unter Bäumen und Blättergeflirr
auf der weiß umnebelten Schäre
die in grüner Flut schwimmend
aus hellen Nordnächten taucht
in der Uferhöhle wo im Perlmuttgehäuse
der Meerschnecke die Erinnerung
rauscht

Wie nur schläft sie so tief Wer beklagt nun
Ihre verlassenen Töchter Ich höre
nur den Wind im Schilf seufzen
um ihre kleinen gemordeten Singvögel
ihre Zirpgrillen
Schwirrkäfer

Wie erkenn ich sie

Wenn sie kommt
– und sie wird kommen –:
Wie erkenn ich sie?

Wird ein Licht brechen
aus ihrem Blick ein Schrei
liebeheischend
aus ihrer Kehle wird eine Narbe
auf ihrer Brust bluten eine Schrift flimmern
um ihre Stirn wird auf ihrem Kopf
eine Taube auf der Schulter
ein Adlerjunges flügelschlagend
mich grüßen werden uralte Schlangen
mich anzischen Bienen
mich umsummen werden unter ihren Füßen
Blumen aufblühn

Woher kamst du

Im Traum deine weiße Gestalt
einsam
auf steiler Klippe
im regengepeitschten
Meer

Das stürzt dir entgegen
heulend
teilt sich vor dir wie am Bug
eines steil aufragenden
Schiffes schäumt auf
verströmt

Woher kamst du
von jenseits der Zeit
von weißen
jenseitigen Ufern
über Untiefen
reißende Strömungen
Mondstraßen
Sternhaufen

Jeschua
Szenen einer unbekannten Kindheit

Das Haus

Aus Lehm und Stroh
in süßer Luft getrocknet
ein kleines Würfelhaus
Werkstatt und Feuerstelle
zu ebener Erde niedrig
die Pforte
steil die schmale Stiege
zum Dach wo nachts
in kühlen Geisterarmen
ein Wind den Knaben wiegt

In hellen Träumen
rauft er den weißen
wehenden Wolkenbart
des Abraham aus Ur

Der duldet's lachend

Das Opfer

Einsam der Knabe im Gewühl der Männer
Lärm Staub der Tiere Angstgeblök
Trompetenstöße Priester in zwei Reihn
ein Messerblitz
ein Röcheln Augenbrechen
aus klaffender Kehle springt der rote Strahl
sprenkelt das Priesterkleid
raucht in der Schale
– ein kleiner wolliger Körper
zuckt nicht mehr

Der Alte aber der Geheimnisvolle
ist atemnahe Ging von Tür zu Tür
nachts in Ägyptenland und würgte
die Erstgeburt
nur wo er Lämmerblut am Pfosten roch
ging er – ein Schatten riesig –
vorbei

Der Knabe hebt den Blick
In Wolkenferne
schwebt ein Gesicht
verkrustet altersgrau
die aufgesperrten Nüstern wittern gierig
den frischen Blutdunst

O du Lamm unschuldig

Die Aussätzige

Ein Hitzeflimmern Fliegenschillern Schlafend
ein alter Hund Im Mauerschatten kauernd
schwarz verhüllt
streckt sie die Fingerstümpfe
dem Knaben hin ein Grinsen aasig
im gnadenlos zerfressenen Gesicht
ein Wortelallen – bebend
hält er dem Greuel stand erwidert
den tief in kranker Höhle
glimmenden Blick

Nachts dann im Schlaf
beim Seufzen der Dämonen
steht sie an seinem Lager
dehnt sich schwillt
wächst steil empor hoch höher
schwarze Riesin
wächst in die dunkel glühende Himmelskuppel
wo Sterne festlicher als Sabbatlampen
den kahlen Kopf der Grausigen
umkreisen

Ein Gebet

...kann nicht wie die Gefährten unberührt
nicht wie der Reiche taub vorübergehn
muß – weiß ja nicht warum –
den Schrei des Armen
im Straßenstaub
des Blinden kreischendes:
Gib! Gib!
muß hören sehen leiden
als wär ich selbst der Bettler der
– so war mir –
mit letzter Kraft auf meinen Rücken sprang
und schlug mich: Lauf!

Nun schlepp ich wie ein Maultier
schwer beladen
den Elenden und seine Angst
zu dir

Die kleine Schwester

Füße in schmalen Sandalen
Perlschnur im Haar
der bunte Flickenrock
schwingt rund im Tanz

Du mit kleinen Brüsten
der verherrlichten Sulamith
blutjunge Schwester
Fremdlingin
wüstweither
zärtlich-flüchtiges
Windgespiel

Ruhst auf kühlem Grasbett betupft
mit den kleinen roten Sonnen
der Anemonen

Blickst mich an mit Augen
aus mondweiter Ferne
über dir feurig ein Stern
zischt durch die Nacht

Ich brenne
Ich vergehe

Vorhofimpressionen

Das Murmeln Betender
ihr Psalmensingen
Im Säulenschatten Rufe
Groschenklirrn
der Händler
Dumpfes Mäh und Muh
von Schaf und Rind
Rauch Brandgeruch
das bange Zirpen
gefangener Vögel
Fliegensummen
grelle weiße Sonne
Wind

Das brandet an des Knaben Ohr
schwillt an verebbt
darüber schwebend
nahe ferner
die schrillen und die dunkel
grollenden Stimmen
der Schriftgelehrten

Die Schriftgelehrten

Sie lächeln auf das Kind hinab
sein Vorrecht
heißt Einfalt Unvernunft
sein Reden
ist Widerreden schlicht
im Arme-Leute-Jargon
ungeschliffen
ohne Kunst und Glanz jedoch
auch scharf: Wort
das dem Manne zum Verhängnis würde
dem Knaben sehn sie's nach

Ein Fingerdrohn
ein Bärteschütteln: Kind
willst du denn klüger
als die Väter sein?

Auf der Schafweide

Die Hirten schlafen
Im Morgendämmer
umblökt von Schafen
tanzt Jeschua

Betaut ist sein Haar
die Schläfenlocken
die blauen Quasten
der Tunika springen
die Füße wirbeln
im blanken Gras

Gab es nicht Hüter
frech wie Raben
die fingen den Vögeln
die Fliegen weg
und stahlen die Eier
Einer fraß Freuer
wie süßes Brot

Käuze auch gab es
die träumten im Mondschein
wenn Lilith die Dämonin
in des Brunnenbaums Zweigen
ihre Netze ausspann

Nie aber sahen
selbst die ältesten Schafe
einen Knaben wie ihn
nie klopfte den Getreuen
die von Schur zu Schur duldsam
ihre Wolle getragen
so seltsam das Herz

Es jagt' auch kein Donner
keine brennende Steppe
keines Löwen Gebrüll
je den Trägen
den Furchtsamen
Gottesschauer
durch Mark und Gebein

Die Ährenleserin

Sie hebt den Kopf
Ihr war ein frischer Hauch
streift' ihr Gesicht
Am Feldrain steht ein Junge
barfuß mit Schrammen auf dem Knie
Haar windverweht
wehrlos die offene Stirn
die leuchtet

Leuchtet?
Ach was ein Kind
ein kleiner Gassenstreuner
Tagträumer Lausebengel Apfeldieb

Ein Zungeschnalzen
Lachen: Menschensöhnchen
komm laß dich küssen

Es weint die kleine Schwester

Die kleine Schwester irrt von Haus zu Haus
Es gurrt vom Mauersims
der Turteltauber

Am Brunnen löscht die Schwester ihren Durst
der fremde Brunnenmeister
schilt und jagt sie

Schlief sie nicht ein in eines Knaben Arm
Wenn sie erwacht ist der Gespiele fort
Auf ihrer Brust hockt schwer der Behemot

Mit wirrem Haar vom tollen Fuchs verfolgt
flieht sie durch Strüpp und Strauch
in die Nachthöhle

Der alten Fledermäuse großer Gott
streift ihre Stirn mit staubigem Flügelschlag
Es weint die kleine Schwester

Ein Abendmahl

Gezimmert sind Pflugschar und Ochsenjoch
das Tagewerk ist vollbracht
der schwarzäugigen Mirjam ältester Sohn
speist mit Freunden zur Nacht

Die essen wie Mutter Mirjams Sohn
gerne Bohnen Linsen und Fisch
auch das frische mit Minze gebackene Brot
sehn sie dankbar wie er auf dem Tisch

Dazu trinken sie Wein Er erzählt was und lacht
bald sind Schüsseln und Becher leer
viele Hungrige aber werden nicht satt
wie die Freunde und er

Die träumen und fabeln und spekuliern
einem Schlaukopf fällt es dann ein:
Der schwarzäugigen Mirjam ältester Sohn
müßt' das Kind eines Wundermanns sein

Und könnte zaubern und machte
aus Wasser Wein aus Krümchen
duftendes Brot

aus den Gräten aber
vom letzten Fisch
macht er neue Fische
gebraten und frisch
Wer litte noch Not?

Das himmlische Jerusalem

Leise verklingt der Tag
wenn der Knabe am Brunnen ruht
Lautlose Karawanen aus rotem Gewölk
ziehn der sinkenden Sonne nach Ferne
in glasig verwehendem Blau
schimmern die Zinnen des neuen Jerusalem
an Strahlenbändern gleitet die goldene Stadt
weithin leuchtend
zur Erde herab auf den Hügel von Moriah
ihre Mauern glänzen wie Schnee
es funkeln die Straßen Girlanden
aus Blumen Früchten und Palmengrün
schaukeln über den Gassen von Haus zu Haus
Teppiche wie zu festlichem Fürstenempfang
bedecken die Wände weit stehn die Tore auf:
Kommt ihr Erwählten kommt die ihr elend seid
die erwarteten Fürsten seid ihr
Getrocknet sind eure Tränen und abgewischt
heilig ist hier und geliebt
des Geringen Leben

Sie kommen alle
In Scharen ziehn sie die steilen Pfade hinauf
blinde Augen öffnen sich glänzen
die ohne Freude warn lachen hell
Kranke springen von Stein zu Stein
hoch aufgerichtet gehn die Erniedrigten

Gedichte aus einem einsamen Leben

Nachts

Du im anderen Haus
Schattengestalt reglos
im schmalen Lichtkreis
der Lampe über ein Buch
einen Brief gebeugt
Wachender
wenn im Dickicht der Nacht
die lauter tickenden Uhren
die Zeit jagen hör ich
durch Mauer und Glas
dein Gehirn denken
fühle im kühlen Strom
meiner Verfremdung ferne
eine atmende Gegenwart
sehe den Schlafmahr wehn
süchtig
um die uneinnehmbare Festung
einer geneigten Stirn
ahne die Hand
die schwerelos Wort um Wort
eine Liebe eine Angst
auf ein weißes Papier bannt
Weltenräume
öffnen sich weit

Ein Geräusch

Plötzlich im Donner der Straße
ein fremdes Geräusch
Fielen Heuschrecken ein?
Grell stehn die Mauern
weiß unter weißem Himmel
die Sonne hechelt uns an
Passanten
wittern Gefahren
laufen schnell ein Gesicht
furchtsam
zwischen leise bewegten
Gardinen Freunde
gelassen sonst hetzen
blicklos an dir vorbei
eine alte Frau
wie die gemarterte Katze
Elektroden am Kopf
im Labor
kreiselt um ihre Achse
Ist die Stadt denn die Stadt
der Nachbar der Nachbar
das Haus...? Schweig
frage nicht was geschah
Nichts ist geschehen du hörtest
nur ein Geräusch

Nachtleben

In der Stille ehe der Morgen graut
wenn die Lichter schwimmen und ferne
nur ein Rauschen die Stadt verrät
wenn am Glasgehäus der Laterne
Strähnen von Regen schimmernd
in flüchtigem Perlmuttglanz niederwehn
und es quirlen kleine Bäche im Rinnstein –:

In Millionen Molekülen ahne ich dann
ein Drängen ein Verlangen
Hausmauern regen sich wanken
Steine lockern das Mörtelband
Schlangenbewegungen gleiten
sanft die Fassaden entlang
münden im regenverhangenen
Tunnel der Perspektive
die Plakatsäule windet sich
Fenster klirrn Kitt
krümelt aus engen Fugen
unter meinen erschrockenen Füßen
wellen geheime Kräfte
Asphalt und Pflaster
die Deckel der Gullis
schnappen nach mir
hoch auf den Dächern
schnattern ganz leise die Ziegel
horchend
auf schwingenden Balkonen
öffnen sich Blumen
weit

Wenn dann die Lastwagen kommen
die Zeitungsausträger die Busse
dämmern verriegelte Fenster
blicklos dem Tag entgegen
stumpf wie in Scham

Vorstadtdrama

Die Maske saß sehr fest
auf seiner Haut
In gut und bösen Tagen
hat er sie stolz getragen
– SIE hat ihm nicht mißtraut

Bis plötzlich einst im Abendlicht
die Maske fiel
Sie sah's mit Zorn und Zagen
erschüttert war ihr Gleichgewicht
blickt in ein fremdes Angesicht
erkennt die kalten Augen nicht
– wollt's nicht ertragen

Regen

Das Rumpeln ferner
lang rollender Donner
Regen sprüht
über glänzendes Autodach
spritzt auf schwarzem
Asphalt trieft
im satten Grün der Allee
linde Wohltat
den ermüdeten Augen
Himmel fad
keine Schwalbe schneidet
das Einerleigrau
Spatzen Tauben
sonst unentwegt hocken
geplustert auf dem Sims
ein Hund in nassem Pelz
schnüffelt und schnüffelt
am Hauseck Regen
denk ich löscht Duft
unter großem rotem Schirm
rennt mit klatschenden Füßen
ein Kind

Ein Klang ein Bild

Ist es ein Duft
ein Akkord
ein abgerissenes Wort
eine schroffe Gebärde nur
im feuchten Sand eine Spur
der Schwung eines Halbprofils
bunter Klotz eines Kinderspiels
ein rollender Güterzug
ein Schrei den der Wind hertrug
eine achtlos erhobene Hand
ein bröckelnder Riß in der Wand
ein ferner Sirenenton
ein verstohlener Blick voll Hohn
Schatten im Morgengraun
scheue Katze am Zaun:

Kein Sinnen und Vermuten
nur Klang Geruch ein Bild
und Wunden lange gestillt
brechen auf und bluten

Nächte

Nächte die mich rufen
aus Andromedafernen
und ich keuche
von Sternen gejagt

Oder die hellen im Schnee
wenn die Schritte knirschen
Dostojewski-Nächte
schlaflos den Fluß entlang
blaßblondes Mädchen frierend
in dünner Haut Mörder
bleich unterm Mond

Auch die schwarzen
die Rabennächte
in die ich tauche
wie in steigendes Wasser
und erschrecke vor Gestalten
die seltsam am Ufer stehn

Sturmnächte
jähe Flucht
vor dem heulenden Himmelsschlund
Spuk tanzender Wipfel
In meergrünem Totenlicht
Stirne an Stirn
ruhn drunten die Liebenden
in ihrem Schatten blüht
weißer Mohn

Deine Tage

Wie sie sich erhoben
Vogelscharen
aus Nacht und Nichts
und rauschten dir entgegen
im Lilienfeuer
des frühen Lichts

Wie sie ausschwärmten
weiße Schiffe
im Mittagsglast
und trugen deine Hoffnung
ein fliegendes Segel
am hohen Mast

Sie zerschellten
sanken
in tückischer See
deine Schreie verhallten
Gischtfontänen
zerstoben wie Schnee

Wie sie nun fliehen
schwarze Scharen
in sternloser Nacht
und rauschen dir nicht entgegen
verschwinden ferne
eh du's bedacht

Bedrohung

Auf den Dächern brütet die Nacht
ihre hängenden Flügel wehn
vor den Fenstern
seltsam schief geht der Nachbar
durch den Lichtkreis der Laterne
die Pappel pendelt gespenstisch
im leeren Raum unter dem Asphalt
seufzt die gemordete Erde ein Kind
stolpert aus einem Auto
das rast aufheulend weiter
das Kind mit weißen Augen
taumelt in giftigen Mohnträumen
der Schatten einer Frau
verschwindet in den Armen
eines monströsen Mann-Schattens
zwei Hunde Flanke an Flanke
jagen gestreckt durch die Straße
ein alter Mann bärtig
tritt aus dem Haustor flucht
fuchtelt zornig mit seinem Stock
plötzlich ein Zischen hoch
in den unsichtbaren Wolken
wo große schwarze Vögel
unaufhörlich über der Stadt
kreisen geduldig wartend
wissend
ihre Zeit kommt

Trauernd hüte ich

Wenn zwischen Mitternacht
und Morgen
in den Adern der Stadt
Stille pulst
und die Schläfer den Atem
anhalten
stehn die Toten
im grauen Halblicht
rufen mich
wecken meinen Traum
von befriedeter Erde
lebendigen Wäldern und Strömen
der unverbrüchlichen Bruder-
und Schwesterschaft
aller Menschen

Unaufhaltsam aber der Tag
klirrend gerüstet
walzt das gefährliche Feuer
meines Traums nieder

Trauernd hüte ich dann
einsam
mit meinen sterblichen Händen
die noch knisternde Glut
einer unsterblichen
Hoffnung

Tod

Über Blutsümpfen
die noch lange nicht trocken sind
seh ich ihn tanzen und springen
Irrlicht im Wind

Auf Müllbergen
vor rauchigem Himmelsgrund
bläst er die Querflöte munter
mit pestigem Mund

In Mohnkelchen
frühlingsblau sommerrot
reift er im milchigen Fruchtkern
mein dunkler Tod

Die Fremde II

Dort am Kreuzweg tiefer im Gelände
steht sie wankend ganz gehüllt in Haar
knatternd fliegt die weiße Taubenschar
in die helle Nacht der Sonnenwende

Nimm aus meiner Hand den Todesbecher
lallt und hallt der Mund der Fremdlingin
und beschämt daß ich so nüchtern bin
schlürf ich durstig wie ein alter Zecher

Steh und warte doch das Dunkelmeer
das Vergessen heißt es ebbt zurück
staunend wie der brave Hans im Glück
klatsch ich in die Hände leicht und leer

Da erkenn ich sie im weißen Schatten
und erkenn mich selber – mich in ihr
Rätselbild was soll's was sagt es mir
schaudernd fühl ich Seel und Leib ermatten

Seh die Fremde blaß im Lichtgewebe
das der Mond um Baum und Hecke spinnt
ich vergehe meine Kraft verrinnt
– doch ich schlag die Augen auf und lebe

Heimkehr

Wie sanft schimmert dein Gesicht du Tote
wenn du vom Meer heraufsteigst im weißen Mittag
und siehst nach den späten Rosen
die an der Hauswand verglühn:

Eine blaue Seeschwalbe fliegt immer vor dir her
dir nach schleift eine Schleppe aus Seegras und Tang
das Haus deiner Liebe hat dich schon lange vergessen
Kalk bröckelt von seinen Mauern ein spielerischer Wind
entblättert deine Rosen du stehst in Disteln und Nesseln
ziehst die verrottete Klingelschnur horchst
aber das Läutwerk bleibt stumm keine Stimme ruft dich
verriegelt sind die Türen die schwarz verhangenen
Fenster
öffnen sich nicht der Briefkasten seltsam neu
mit der wetterfesten Farbschicht die hielt
was Prospekte versprachen ist leer langsam schiebst du
die Schuppentür auf die knarrt widerstrebend
kein Holz- und Harzduft nicht das salzige Arom
trocknenden Strandguts nur Modergeruch
quillt dir entgegen Werkzeug – Gartenschere und
Spachtel –
rostet auf dem Wandbrett auch ein Blechnapf steht dort
staubig mit Perlmuttmuscheln und dem zierlichen Skelett
eines Seepferdchens das streichelst du mit zartem Finger
gehst dann tastenden Schritts zwischen kahlen Büschen
die jetzt feindlich mit Dornenzweigen nach dir greifen
den Weg zum Meer zurück den du kamst
es ist Winter geworden Schnee fällt
schwere Brecher krachen an die Steilküste
in der hallenden Weite heult ein kalter Wind
lang wehen deine Haare Möwen umkreisen dich

mit ausgebreiteten Armen ekstatisch
wirfst du dich in die Brandung die schleudert
dich nicht zurück die gewaltigen Wogen
heben dich auf ihre schäumenden Rücken
tragen dich schnell hinaus in die Meerwüste
die über deinem auf und ab tanzenden Haarschopf
zusammenschlägt

Vergeblich

Inbrünstig hofftest du
es müßt' gelingen
den Widersacher
sei's auch mit Geheul
und Zähneklappern
in die Knie zu zwingen
zu Schand und Greul

Vergeblich
Auch die Müh ihn wegzulügen
bis er uns in den Eingeweiden brennt
ist müßig
wollest dich drein fügen
wenn alles trügt
er wird dich nicht betrügen
wir gehn dahin
in langen Schattenzügen
In Ewigkeit vom Erdenlicht
getrennt

Nur mein Schatten

Über Nacht
sind die freundlichen Tauben
tückisch geworden
sie hacken mit scharfen Schnäbeln
nach meinen Worten

Die goldbraunen Hummeln
die sommerlich mich umsummten
stachen mich in das arglose Herz
und verstummten

Mürrisch senkten die Eulen
die weißen Lider
dürr und gefährlich raschelte
ihr Gefieder

Die Amsel pfeift Hohn
es winselt der Wind in den Gassen
nur mein frierender Schatten ist treu
und will mich nicht lassen

Bin weit

Mächtig der Hundsstern
und schwer
bekämpft mich in bitteren
Nächten
will mich unterjochen
und knechten
höhnt
wenn ich mich wehr

Verfolgt mich
mit scheelem Blick
der ein kaltes
Lavaherz spiegelt
hab mich fest eingeigelt
Dornen spitz
im Genick

Horch wie der Waldkauz
schreit
jenseits der schwarzen
Mauern
wo im Dickicht die Füchse
lauern
– Bin tief
bin weit

Eulensong

Meine Seele die perlgraue Eule
hockt im Wacholderbaum
der steht draußen in roter Heide
hinter der Wasserscheide
am Waldessaum

Wie bin ich leer und verödet
ein ausgeschütteter Sack
ich bebe in Kälteschauern
bin Nichts ein Haus ohne Mauern
ein gestrandetes Wrack

Das klag ich ihr rufe sie schreie
watend in Schutt und Gestein
Flieg nicht fort meine scheue Perlgraue
warte im Eulenbaue
ich hol dich ein

Herber Geruch des Wacholders
Wind auf der blanken Haut
ich bin ich und auch du ich bin beide
das Astloch ist warm wild die Heide
der Nachtfrost taut

Wär ich dunkel

Wär ich dunkel wie du
samthäutige Schwester
wär mein Liebster ein Schlangenprinz
und ich wiegte ein braungoldenes Kind
in raschelnden Palmbaumblättern
diente der erdgesichtigen Göttin
der katzenäugigen Hüterin
der Geheimnisse Asiens und Afrikas
lauschte den Geisterstimmen
frommer Ahninnen
ihren Geschichten von wilden Kriegern
die das Mutterland der Sanftblütigen
verwüsteten hörte die Legenden
toter Sterne entziffert
von bärtigen Alten Weisen und Zauberinnen
lernte die Sprache der Tiere
ihre scheuen Gedanken
die verstohlene Weisheit kleiner Blumen
die grausame der Urwälder
ihrer zähen Wurzeln
ihrer triumphierenden Kronen:

Unter meinen müde werdenden Füßen
rollte die Zeit ich sähe
im Schoß junger Frauen
die Ungeborenen schlafen und folgte
erwacht aus dem Tagtraum des Lebens
furchtlos den Trommeln
der Toten

Hexenlied

Wer ruft mich
hinter den wachsenden Wänden
und die Wölfin
gelbäugig
durchstreift meinen Traum
ich tappe im Schattenwald
mit zerrissenen Händen
breche knöcherne Blumen
vom Schädelbaum

Ich lausche tief
hör die Wildnis singen
und ich gleite hinaus
in steilem Flug
meine Kerker bersten
meine Fesseln springen
der Todmahr flieht
der mich schlug
schlug

Spuren

Fußspur im Schnee
flüchtig im Abendglühn
eines Vogelflugs Runenschrift
Tränenspur eine blasse
Wange hinab
immer das Knirschen der Zeit
unter den Sohlen
Fernensog
abgestorbene Sonnen
leuchtend noch tief im Raum
Glutwind aus Mitternacht
jählings verlorene Spur
einer Liebe – es war
unter dem Sommergestirn
Winter geworden
Blume glasig erstarrt
fremd das Haus sprachlos
die gähnenden Himmel
Wege vereist
Brücke und Steg
zerbrochen zwischen den Zähnen
klirrt das erfrorene Wort
Bild ins Gehirn gestanzt
Bahnsteig kahl
langsam rollender Zug
Winken
ein Schrei
weiß ein Gesicht
sinkt in wirbelnde Nacht

Immer der Irrgang ins Nichts
wo jede Spur endet

Nachtgesicht

Brauen weiß über mir
Mund in stummer Klage zerrissen
uralte Augen junge
Beginn und Vollendung
blicken mich an
Weib-Mann
ragend in die fliehende Sterndrift
umkreist vom Flügelschlag
blaugefiederter Vögel
es brandet die Wahnwelt schäumend
an seine Lenden
aus seinem Mutterleib brechen
dunkler Lust Ströme
ich treibe
Staubfunke
um seine Stirn
wohin falle ich wenn ich mich lasse
welcher verborgene Moosgrund
fängt mich auf

Anfang und Ende

In strömender Wasserwelt
Farbenwelt in flutenden
unterseeischen Wäldern
wo Seeanemonen blühn
rote Fangrosen
sanft wehend die kleinen Fische
in ihre lauernden Schlünde
saugen

Fing ich dort an?

Näher fühl ich Kätzin und Tigerin
Bärin und Mutterschaf
Weibliches Warmes
das zärtlich das Junge leckt
mutig den Feind
in die Flucht schlägt

Brüderlich auch
der Kampf der Widder
wenn die schweren Hörner
aufeinander schlagen
der Starke aber den Schwachen
nicht tötet

Noch geblähte Schönheit
das Balzen der Hähne
Rituale
barocker Machtwahn und Prunk
Fürstbischof
Louis Quatorze

Aber jetzt schielst du
die Unschuld des Blicks
ist dahin

Menschwerdung

Nacht ist's
Im Hinterhaupt tief
träumt leise zuckend
das Stammhirn schüttet
archaische Ängste
aus seinen Furchen
Gelüste sinnlos gewordene
Rituale zelebriert
von Schamanen die umschreiten
auf Katzensohlen dein Bett
Du schauerst Zottig ein Wesen
Tier? Mensch? erhebt sich
steht aufrecht taumelt
tappt mit langen behaarten Armen
nach dir das Gesicht
Menschgesicht
fletscht die Zähne

Du schrei nicht
Sieh der Augen
unverstandene Trauer

Fallen

Hallende Ferne
im Kopfraum
die Augen geschlossen
schweigend
laß ich mich los
tief
tiefer fall ich
in das Schelfmeer des Kambrium
das Schachtelhalmdickicht
des Karbon
weide die Skelette der Saurier
im Schatten versteinerter Wälder
trabe mit Mammut und Höhlenbär
durch Laubmoos durch Palmenfarn
folge schlafwandelnd
den tastenden weißen Wurzeln
zum chthonischen Quell
wo die Erdgeistin
katzengesichtig
aus dunkelster Furche
den Menschen gebar

Alte Frau

Das Fensterkreuz schwarz
vor dem zimtfarbenen Himmel
wolkig umkreister Mond Atem
sanft wehend aus dunklem Mund
ihr Gesicht aus Zwielicht tauchend
springender Schatten groß hinter ihr
wenn der streunende Wind leichtfingrig
durch ihre Haare fährt bebt sie
von Geisterhand angerührt
immer sucht sie in trüben Spiegeln
eine verlorene Gewißheit weiß brennen
Träume unstillbar auf ihrer Stirn
blind rennt sie die hohe Steinwand
entlang Angst jagt sie
Wahngestalt
todbereit steht sie verwundet
an die äußerste Grenze verwiesen
in heller Nacht

Ohne Gnade

Wie ich hinaustrat
taumelnd
in das grelle Licht
wie es zuschlug
mit Blitzgewalt
mich zurückwarf
in die Purpurnacht
des Leibes

Ach daß ich Nacht wäre
rief einer der Licht war
wie wollte er brünstig
Licht trinken

Einsamkeit
Kampf mit Schimären
wort- und hirnmächtig
immer vorbei
am Sein der Blume

Visionen von kaltem Glanz
der Erdhauch erfror
die beschworene Nacht griff ihn
auch sie ohne Gnade
stieß den Entsetzten hinab
in ihr tiefstes Gewölb

Krankes Licht

Vergeblich glänzt junges Laub
gegen den kalkigen Himmel

Durch die Spalten der Jalousie
schleicht krankes Licht
füllt schamlos den Raum
tapeziertes Grab
fliehe

Nur der Glasvogel
am Balkonfenster
sprüht blaues Elmsfeuer
auf Anemonen

Die schwanken
auf dünnen Stengeln
sterbende Ballerinen
entblättern sich
bebend

Einspruch

Warum verzehre ich mich
nach Wahrheit
der grellen Sonne
die das Menschenaug blendet
Herz und Hirn
ausbrennt

Warum schreie ich
gegen die donnernde Stille
der Himmel
wenn doch ihre Leere verbürgt ist
auch daß der Wissende
schweigt

Warum reiße ich den Schleier
von meinen Augen
ist doch Entsetzen geweissagt
dem unverschleierten
Blick

Hört mich ihr Fische ihr Vögel
Schweifende
drunten und droben
findet euch nicht ab
mit den Greueln der Gräber
stimmt ein in die Verwünschungen
der erbitterten Schmetterlinge
erhebt Einspruch
mit der Stimme der Liebe
gegen dein und mein elendes Sterben
und gegen Gottes dröhnenden
Tod

Der eine und der andere

Aller Himmel Heiterkeit
Stirnjuwel
Gold auf der glatten
beruhigten Haut
Bauch mondglänzend
aus Seidengewändern brechend
Stille
Vollendung
Leiden ist Irrtum
Welt und Gestalt: Wahn
Den Unerlösten im Kreislauf
der Wiedergeburten entrückt
jenseits des Trugs
der Erscheinungen schaust du
Erleuchteter
deines entleerten Bewußtseins
sonnklare Strahlung

Der Andere aber: nahe
stinkend von Dasein
ein Ärgernis den Gerechten
den Schwachen ein Hohn
verfolgt von den Mächtigen
Dornen sein Diadem
Todschweiß und Blut
sein Lächeln bespien
genagelt an Händen und Füßen
keuchend am Holz hängend
Sehnen zerrissen Blut
stockend in brechenden Adern
schwer zerrt der gemarterte Leib
nach unten wo sich die Tiefe

nicht öffnen will
ganz verlassen
Schrei
Tod

Aller Erden Tränen und Liebe
DIR

Magdalena

»... wie ruhst du tief in mir
wie fließt mir ganz leise
noch aus deinem Todesschlaf
Leben zu Meine Träume umkreisen
bunte Vögel dein stilles
Gesicht ›Einer die viel geliebt hat
soll Vieles vergeben sein‹ – So vergib
den Augen die dich beweinten
– sie erblindeten nicht
der Hand die dich salbte
– sie bricht immer noch das Brot
dem Herzen das unter deinem Blick
bebte denn es schlug weiter
Vergib dem Blut in meinen Adern
es erstarrte nicht mit dem deinen
dem Mund den du gerne geküßt
den Haaren die deine Füße
getrocknet ...«

Unvergessener

Vorbei an quellgrünen Wassern
streifst du durch meinen Schlafwald
es rascheln die Farne
ich weine
unter geschlossenem Lid

In Sonnengespinsten ruhst du
weiß unter weißer Lichtsäule
es brennen deine Küsse
Mittagsfeuer
auf meinem Mund

Immer umspielst du mein Herz
deine Stirn spiegelt den Azur
ich gehe auf kühler Mondstraße
lausche der klingenden Mathematik
des Raums
Erdenschwer kreist mein Blut
aber ich tauche nach deinem Lächeln
Unvergessener
bis zum Grunde des Firmaments

Sterngestalt

Wie du mich jagtest
durch Nacht
und Stadtdschungel tief
Rabenschrei
Wolfsgeheul
und hoch über allem die Stimme
die rief und rief

Du mein Todgespiel
blutend
auf nächtlicher Flucht
Asphaltspur
Wahrheit und Wahn
immer mein stummes Gebet
aller Süchte
Sucht

Seh dich im Ferneglast
schwebendes Licht
Wind bläst pfeifend und kalt
gehe in dünnem Kleid
Füße wund
Haar beschneit
dir nach
Sterngestalt

Du großer Tod

Wie er einherzog klappernd
die Hippe schwingend
auf dürrem Roß und blies
die schwarze Pest ins Land kam auch
mit Pech und Schwefel
Hieb und Stich mit Reiterscharen
DICKER GRET und später
mit Panzern und Maschingewehren
Granaten Bombenfliegern
stürzte mit Geheul
vom Himmel tanzte knatternd
in Feuerstürmen zischte
aus Badeduschen – heute
du großer Tod
kommst du im Straßenkreuzer
Krawatte dunkler Anzug unauffällig
Atomexperte Technokrat relaxed
verachtend plump dramatische Effekte
Hurra und Stahlgeklirr
Präzis mit schnellem Knopfdruck
cool mit know how
NUR LEBENDES VERNICHTEND
wirst du dein Meisterstück
du großer Tod
vollbringen

In einem anderen Leben

Der Morgen kam
Licht barst im Schneegewölk
wir haben im Schlaf geweint
mein Atem taute deine gefrorenen Lippen auf
du hast den Rauhreif von meinen Wimpern geküßt
wir flohen im kalten Wind aus der leeren Stadt
Menschen in langen Kolonnen zogen durchs Land
wir rannten über den steinigen Acker zum Fluß
mit geknickten Köpfen hingen die toten Brüder
schwankend in kahlem Geäst
von der Schläfe des gemordeten Dichterfreunds
floß ein Rinnsal hellroten Bluts
Sterbende stöhnten im Ufergebüsch
immer flackerten frische Brände am Horizont
es kamen die schwarzen Schergen und kreisten uns ein
sie rissen uns auseinander und schlugen dich
ich hörte aus deinem oder aus meinem Mund
den alten Gott schrein
es muß in einem anderen Leben gewesen sein
ich habe vergessen wie wir gestorben sind

Maske des Schlafs

Offene Ferne Purpur
am Saum der Nacht
Windhauch ein Geisterzug
Maske des Schlafs
Spiegelung
leiseren Lebens

Sanft sinkt die Stirn
in die steigende Traumflut
Haar strömt wie Tang
mondhelle Wasser
treiben ein schwankendes
Schiff unter geschlossenem Lid
regt sich das Auge
die gefesselte Zunge löst sich
lallt Worte es taumelt
der tote Geliebte im Schilfwald
Schnee fällt
von starrer Wimper
tropft Tau

Novembertraum

Verwitterte Häuser
Regen
die Straße düster und leer
langsam ein schwarzes Auto
fährt neben mir her

Drinnen zwei Schattengestalten
gesichtslos
sie töten dich – lauf
ein verlass'nes Fabrikgebäude
versteck dich das Tor steht auf

Die Geleise entlang
auf die Rampe
Vorsicht im schlammigen Gras
hinein in die Wellblechhalle
über Schrott
und zersplittertes Glas

Durch das Fensterloch
schnell sie kommen
da steht in seltsamem Licht
das zerstörte Haus meiner Kindheit
einst Zuflucht
kennst du's denn nicht

Ohne Zögern finde ich drinnen
den Riegel
rostig und schwer
mit blutig gerissenen Händen
schieb ich ihn quer

Gerettet
nun steh ich horchend
wie bin ich plötzlich so klein
in der hohen Wölbung des Hausflurs
mit gipslockigen Engeln
allein

Meine Füße erkennen die Treppe
flache Stufen
die fünfte knarrt
das Messingschild
Name des Vaters
die Klinke
glatt und hart

Plötzlich wie hechelnde Hunde
tappt es die Treppe herauf
ich schlag an die Türe
röchelnd:
macht auf!

Staub
ich taste ins Leere
Luft ohne Widerstand
lautlos sinken zusammen
Dach Schwelle Treppe und Wand

Wieder auf öder Straße
ersticktes Gebell
ein Schrei
in feuchten Novembernebeln
ziehn mit Hund
und Maschinenpistole
zwei tote Mörder
vorbei

Hinter der Wolkenwelt

Immer rühren deine Horizonte
an meinen schmalen Erdkreis

Im spröden Licht später Gestirne
treib ich stromab

Du stehst auf in großer Schönheit
aus düsterem Aschegrab

Hinter dir sinken Baracke und Wachturm
in Schutt und Staub

Der Sichelmond unserer Liebe
blieb stehn im Zenit

Ein Echo von Kinderstimmen
hallt nach in deinem Ohr

Ein Knabe ein Mädchen von Spielen heiß
Haar windverweht lachen dich an

Wir gehen durch die sieben Hochtore
der verfremdeten Zeit

In der einsamen Höhle hinter der Wolkenwelt
grabe ich unserer Liebe ein luftiges Bett

Darin ruhen unsere Seelen lange
vom Sterben aus

Lichtrosen

Öde unter dem Mond
liegen die Wege
kein Taubengurren
geleitet uns

Der Wind verstummte
im Schilfrohr
unsere blauen Falter starben
Mördermuscheln tauchten
aus fremder Meertiefe

Schwer ist unser Gang
zäh das Sandwehen
hinter uns her
unaufhaltsam die Flucht
der Horizonte

Wenn in gläserner Ferne
hoch auf braunen Hügeln
Lichtrosen blühn
fallen von uns sieben Häute
Fleisch schwindet von blankem
Gebein wir tanzen
leicht wiegt das Skelett aus Sprache
das bleibt

Versuchung

Spuk oder Traum
das flüstert mich in Schlaf:
Du lösche des Erinnerns Runenschrift
entflieh der Wahnwelt wische ihre Bilder
dir aus den Augen ihre süße Stimme
aus Herz und Ohr
Vergiß
sei leicht sei leer
Ein ander Licht
dein Lieben überstrahlend tausendfach
wird dich erhellen
Was verborgen war
ist offenbar Die Toten
weiß gewandet
glänzen dich an
Du schwingst du schwebst
auf Fittichen getragen wunderbar
im Flammenkreis der Himmel
steigst
du steigst

Schachtraum

Ich gegen Mich
belauscht vom hellen Mond
Die Königsbauern
zwei Felder vorgerückt
dann Springer raus und Läufer
Stellungswechsel
von Turm und König
Achtung
Madame greift ein
emanzipiert aktiv
großspurig kreuz und quer
nicht wie der königliche Gatte
nur Schritt für Schrittchen wagend:

Sprung! Attacke!

Die Fenster klirrn
der Mond hat sich verkrochen
Wer führte meine Hand
zog Turm und Läufer schlug
die Königinnen hetzt
Regeln brechend
Alle gegen Jeden
Das rückt heran in Scharen
stürmt
schlägt zu

Todesgambit

Es hat der große Tod
mit Stich und Hieb
sein mörderisches Spiel mit mir
eröffnet

Vermessen war's
ihm träumerisch Gestalt
Gesicht zu leihn
Verloren
wen die geborgten Augen angesehn
die Echostimme rief

Mag mich ergeben
kämpfen widerstehn
klug oder töricht
tapfer oder feig
mag flirten flehn
hinsinken wie in Liebe
mag weinen hadern wüten
unerbittlich
setzt er mich matt

Weh dir

Ein Mächtiger
sehr hoch sehr groß
von einem Hündchen
dem die Flanken zittern
tief drunten tollkühn
angekläfft
möcht augenzwinkernd
dem drollig dreisten Winzling
verzeihn

Er aber
Herr der Kreatur
hüllt sich in Schweigen – Großmut
Humor Erbarmen sind Vokabeln
aus fremden Sprachen
seinem schnöden Handwerk
nicht hilfreich

Weh dir armem Hund

Aquarell

Einsam unter dem Mond
tanzt die Windsbraut auf bröckelndem
Lavagestein Wolkenfetzen
umflattern sie Nebelhände haschen
ihr fliegendes Haar
mit kleinen Wellen das Meer
züngelt nach ihren springenden
Füßen Hör die Ruhlose seufzen:
Stille sein
Brennen
          Da ein schweifender Stern
schießt seinen Liebesstrahl hoch
aus unendlichem Weltengewölb
in der Luftgeistin Herz
          Jäh am Rande der Nacht
stirbt ein Glanz Hagelstürme fahren
in die Feuer des roten Mohns
der Lotos schließt seine Blüte
Sonnenräder rollen
ins Mitternachtsmeer
mit knatterndem Flügelschlag ziellos
flieht die erschrockene Taube
zitternd ein hauchdünner Rauch
weiß auf Weiß
wirbelt fort

Laß den Trug fahren

Aug in Auge mit mir
spiegelfremd spiegeltraut
und Riesenantennen belauschen
das ferne Raumhirn
stehl ich mich fort
in den Haaren Irrkraut
ducke mich tief in die Purpurhöhle
der Stirn

Laß mich vom Lächeln des Monds
nicht von Sonne und Föhn
nicht vom munteren Hahnschrei betören
muß noch im Liebesgestöhn
Amselruf Kinderreim
wie ein dunkles Gedröhn
den Tod hören

Streu rote Farrensaat
hinter mir her
Trollbeere Mutterkorn
laß den Trug fahren
öd ist die Weltnacht ganz leer
Wort und Erinnern verlorn
ist keine Wiederkehr
nicht in siebenmal siebtausend
Jahren

Zuspruch

Fasse dich Törin
sammle deinen Mut
mustere deine kleine
getreue Schar aus Wort
aus Bild aus Traum
die angetreten
dem Feind die Stirn zu bieten
wissend:
ihn reizt nicht nur die runde
die reife Frucht
auch Unvollendetes
dein Lieben Hoffen
dein Erinnern
dcin Keimendes
das werden will
Gedicht

Menschenstimmen

Schnee auf Gräbern
Holzkreuz und Steinmal
starren kalt

Kalkgrauer Himmel
wolkenstechende Pappel
kahl
ein vergessenes Blatt
zittert am Zweig

Kränze klirrn
Blumen wie braunes Glas
aus grauen Birkenhaarschleiern
rinnt Staub

Plötzlich von ferne
Menschenstimmen
ein Lachen
Süchtig
geh ich ihm nach

Ein anderer Tag

Wenn im Truglicht die Stadt
glimmt und glost und es weht
aus den Fenstern den Türen
Angstgeruch
leg dich und schlafe
gehe nicht aus dem Haus
verachte das Klagen der Tauben
der Hunde Geheul das Zischen
der Räder auf nassem
Asphalt zieh die Decke fest
über die Ohren
spiele das Meuchelspiel
der Sinnverwirrer nicht mit
entziffere nicht die Geheimschrift
des schnöden Verrats löse
die Larve nicht von des Mörders
Gesicht – Schweige
sei des geplanten Betrugs
nicht gewärtig
warte geduldig es kommt
bald ein anderer Tag

Traum

Auf verwunschenen Pfaden
geh ich unter dem Wind
Blumenkelche im Dickicht
glühen mich an
ein urweltlicher Vogel
mit wildgelbem Blick
das schuppige Federkleid
scharlachrot
schlägt mir die grausamen Fänge
ins Herz

Ich klage laut
Mit verhülltem Gesicht
meine dunkle Traumschwester
steigt herauf von nachtblauen
Ufern steigt wächst
schwarze Un-Gestalt

Kreischend
mit zornigem Flügelschlag
stürzt sich das Scharlachtier
steil in den hohen
Luftraum

Alte Dichterin an den Tod

Du einst mit mir geboren
meines Lebens
verstoßener Zwilling tief in mir
genährt getragen – wuchernd
Parasit
spielst meinen Spießgesellen ziehst
meiner spottend
gern am gleichen Strang
liegst aber auf der Lauer
unversehens
mit scharfem Biß
mir ins Genick zu springen

So beiß dich fest
sehr müde bin ich
des abgefeimten Spiels
Ans Werk Gevatter: Abgeschnürt
der Nerven zarte Vibration verdunkelt
das welt- das lebensüchtige Auge
Herz und Ohr
dem bangen Schrei der Kreatur verschlossen
die Haut gedörrt mit Eishauch überschauert
erstickt das Wort das Lied in Kopf und Kehle
das Feuer der Gedanken ausgeblasen
zerfetzt die farbigen Gespinste
der Phantasie – Mut Alter!
würg ihn ab den süßen letzten
qualvoll der Luft entrissenen
Atemzug

Nachtfahrt

Du bist lange fort
Wenn der Schlafmohn blüht
breche ich auf dich zu suchen
Mein Boot morsch und leck treibt hinaus
weit hinaus ins leis brausende
Nachtmeer Junge verspielte Delphine
begleiten mich springen in das Licht
meiner Lampe Salziges spritzt mir
ins Aug Meermonster heben das triefende
Haupt aus der Tiefe Haie schnappen
nach meinen Händen Mit gefalteten Flügeln
hockt meine Traumschwester dunkel
am Heck Gelb blinkende Sterne umkreisen
einen großen sanftblauen Mond
In seinem Geisterschein dämmern
die Küsten eines vergessenen
Kontinents Kahlkrumm ein Baumstrunk
stemmt sich gegen den Wind
Groß auf rauscht das Nachtmeer
Du stehst dort – einsam – von Sternstaub
umsprüht Ich rufe Meine schmerzende Kehle
gibt keinen Laut Meine Traumschwester
hält mich umklammert
Stille
Ich seh dich nicht mehr
In hellen Nebeln versinkend
driftet dein weißes Gestade
wohin –?